广东红路

中国共产党与大革命

李宇博　主编

SPM
南方出版传媒
广东人民出版社
·广州·

图书在版编目（CIP）数据

广东红路·中国共产党与大革命 / 李宇博主编. —
广州：广东人民出版社，2021.12
　（红色广东丛书）
　ISBN 978-7-218-14885-4

Ⅰ．①广…　Ⅱ．①李…　Ⅲ．①革命史—广东
Ⅳ．①K296.5

中国版本图书馆CIP数据核字（2020）第254236号

GUANGDONG HONGLU · ZHONGGUO GONGCHANDANG YU DAGEMING
广东红路·中国共产党与大革命

李宇博　主编

出 版 人：肖风华

责任编辑：梁　晖　黎　捷
封面设计：刘小锋　李卓琪
责任技编：周星奎　吴彦斌

出版发行：广东人民出版社
地　　址：广东省广州市海珠区新港西路204号2号楼（邮政：510300）
电　　话：（020）85716809（总编室）
传　　真：（020）85716872
网　　址：http://www.gdpph.com
印　　刷：广东鹏腾宇文化创新有限公司
开　　本：787毫米×1092毫米　1/16
印　　张：6.75　　字数：100千
版　　次：2021年12月第1版
印　　次：2021年12月第1次印刷
定　　价：28.00元

如发现印装质量问题，影响阅读，请与出版社（020-85716808）联系调换。

总　序

百年征程波澜壮阔，百年大党风华正茂。习近平总书记在党史学习教育动员大会上指出："我们党的一百年，是矢志践行初心使命的一百年，是筚路蓝缕奠基立业的一百年，是创造辉煌开辟未来的一百年。"翻开风云激荡的百年党史，一代又一代中国共产党人，用鲜血和生命浸染了党旗国旗的鲜亮红色，书写了可歌可泣的历史篇章，铸就了彪炳史册的丰功伟绩。一百年来，党的红色薪火代代相传，革命精神历久弥坚，红色基因已深深根植于共产党人的血脉之中，成为我们党坚守初心、永葆本色的生命密码。

广东是一片红色的热土，不仅是近代民主革命的策源地，也是国内最早传播马克思主义、最早成立共产党早期组织的省份之一。在新民主主义革命的漫长历程中，广东党组织在中共中央的领导下，发动、组织和领导广东人民开展了一系列广泛而深远的革命斗争。1921年，广东党组织成立后，积极开展工人运动、青年运动，并点燃农民运动星火。第一、二、三次全国劳动大会连续在广州召开，全国工人运动的领导机关——中华全国总工会在广州诞生。中国社会主义青年团第一次全国代表大会在广州召开，促进了全国团组织的建立、发展。在"农民运动大王"彭湃领导下，农潮突起海陆丰影响全国。

1923年，中共中央机关一度迁至广州，中国共产党第三次全国代表大会在广州召开，推动形成了第一次国共合作，建立了国民革命联合战线，掀起了大革命的洪流。随后，在共产党人的建议下，黄埔军校在广州创办，周恩来等共产党人为军校的政治工作和政治教育作出了重要贡献，中国共产党也从黄埔军校开始探索从事军事活动。在共产党人的提议下，农民运动讲习所在广州开办，先后由彭湃、阮啸仙、毛泽东等共产党人主持，红色火种迅速播撒全国。1925年，广州和香港爆发省港大罢工，声援五卅运动，成为大革命高潮时期一个十分引人注目的重要斗争。1926年，在统一广东革命根据地后，国民革命军在广州誓师北伐，以共产党员为骨干的北伐先锋叶挺独立团所向披靡，铸就了铁军威名。在北伐战争胜利推进的同时，广东共产党组织和党领导的革命队伍迅速扩大和发展，全省工农群众运动也随之进入高潮。

1927年"四一二"反革命政变以后，广东共产党组织在全国较早打响反抗国民党反动派血腥屠杀的枪声，广州起义与南昌起义、秋收起义一起，成为中国共产党独立领导中国革命、创建人民军队的伟大开端。随后，广东党组织积极探索推进工农武装割据，在海陆丰建立第一个县级苏维埃政权，并率先开展土地革命，开启了中国共产党领导人民进行的最重大的社会变革。与此同时，广东中央苏区逐步创建和发展起来，为中国革命的发展作出了不可磨灭的贡献。1931年，连接上海中共中央机关与中央苏区的中央红色交通线开辟，交通线主干道穿越汕头、大埔，成功转移了一大批党的重要领导，传送了重要文件和物资，成为土地革命战争时期党的红色血脉。1934年，中央红军开始了举世瞩目的长征，广东是中央红军从中央苏区腹地实施战略转移后进入的第一个省份，中央红军在粤北转战21天，打开了继续前进的通道，成功走向最后的胜利。留守红军在赣粤边、闽粤边和琼崖地区进行了艰苦卓绝的游击战争，高举红旗永不倒。

抗战全面爆发后，中共中央和中共中央长江局、南方局十分重视和加强对广东党组织的领导，选派了张文彬等大批干部到广东工作。日军侵入广东以后，广东党组织奋起领导广东人民开展敌后抗日游击战争，成立了东江纵队、琼崖纵队、珠江纵队、广东人民抗日解放军、南路人民抗日解放军和韩江纵队等抗日武装，转战南粤辽阔大地，战斗足迹遍及70多个县市。华南敌后战场成为全国三大敌后抗日战场之一，党领导的广东人民抗日武装被誉为华南抗战的中流砥柱。香港沦陷以后，在中共中央的领导和周恩来等人的精心策划安排下，广东党组织冲破日军控制封锁，成功开展文化名人秘密大营救，将800多名被困香港的文化名人、爱国民主人士及家眷、国际友人等平安护送到大后方，书写了抗战史上的光辉一页。

解放战争时期，在中共中央的领导下，华南地区大力开展武装斗争，开辟出以广东为中心的七大块游击根据地，成立了中国人民解放军琼崖纵队、粤赣湘边纵队、闽粤赣边纵队、桂滇黔边纵队、粤中纵队、粤桂边纵队和粤桂湘边纵队等人民武装，其中仅广东武装部队就达到8万多人，相继解放了广东大部分农村，在全省1/3地区建立起人民政权，为广东和华南的解放创造了有利条件。在广东党组织的配合下，人民解放军南下大军发起解放广东之役，胜利的旗帜很快插遍祖国南疆。

革命烽火路，红星照南粤。广东见证了中国共产党从新生到大革命、土地革命，再到抗日战争、解放战争等革命斗争全过程。其间，毛泽东、周恩来、刘少奇、朱德、邓小平、叶剑英、彭德怀、刘伯承、贺龙、陈毅、聂荣臻、徐向前、李富春、粟裕、陈赓等老一辈革命家和李大钊、蔡和森、瞿秋白、陈延年、彭湃、叶挺、杨殷、邓发、张太雷、苏兆征、杨匏安、罗登贤、邓中夏、恽代英、萧楚女、阮啸仙、张文彬、左权、刘志丹、赵尚志等一大批革命先烈都在广东战斗过，千千万万广东优秀儿女也在革命斗争中抛头颅、洒热血，留下了光照千秋的革命历史和革命精神。广东这片红色热土，老区苏区遍布全省，大大小小的革命遗址分布各地，留下了宝贵而丰厚的红色文化历史遗产。

习近平总书记强调，中国革命历史是最好的营养剂。重温这部伟大历史能够受到党的初心使命、性质宗旨、理想信念的生动教育，必须铭记光辉历史、传承红色基因。我们有责任把党领导广东人民进行革命斗争的光辉历史和伟大功绩研究深、挖掘透、展示好，全面呈现广东红色文化历史，更好地以史铸魂、教育后人，让全省人民在缅怀英烈、铭记历史中汲取砥砺奋进的强大力量，让人们深刻认识红色政权来之不易，新中国来之不易，中国特色社会主义来之不易，确保红色江山的旗帜永远高高飘扬。

为充分挖掘广东红色文化资源的丰富内涵，我们组织省内党史、党校、社科、高校等专家学者，集智聚力分批次编写《红色广东丛书》。丛书按照点面结合、时空结合、雅俗结合原则，分为总论、人物、事件、地区、教育五个版块。总论版块图书，主要综述中国共产党在广东的革命斗争历史概况，人物版块图书主要讴歌广东红色人物，事件版块图书主要论说党领导广东人民开展革命斗争的历史事件，地区版块图书从地市和历史专题角度梳理广东地域红色文化，教育版块图书着力打造面向青少年及党员的红色主题教材。丛书以相关的文物、文献、档案、史料为依据，对近些年来广东红色文化资源研究成果做了一次全面系统梳理，我们希望这套丛书能为党史学习教育、革命传统教育、爱国主义教育提供重要内容支撑。

一切向前走，都不能忘记走过的路，走得再远、走到再光辉的未来，也不能忘记走过的过去，不能忘记为什么出发。站在"两个一百年"的历史交汇点上，我们要更加坚定自觉地学史明理、学史增信、学史崇德、学史力行，赓续红色血脉，传承红色基因，以一往无前的奋斗姿态、风雨无阻的精神状态，推动广东在全面建设社会主义现代化国家新征程中走在全国前列、创造新的辉煌。

《红色广东丛书》编委会

2021年6月

目录
Contents

引言

　　1924年到1927年，中华大地上爆发了一场声势浩大的国民革命运动，史称"大革命"。它与辛亥革命有着不同的形式与规模，在中国共产党与国民党两党的通力合作下，迅速在全国掀起了狂澜，沉重打击了帝国主义势力，基本推翻了北洋军阀的反动统治，使民主革命思想在全国范围内得到空前的传播，对中国革命进程产生了深远的影响。在整个大革命时期，广东以其光荣的革命传统、良好的群众基础，成为第一次国共合作和大革命的策源地和根据地，在这里发生了许多热血沸腾、动人悲壮的革命故事。今天，我们再次踏上广东这片热土，重走大革命留下的历史足迹，重温那段波澜壮阔的岁月。

线路一

第一次国共合作的形成

——大革命的开端

历史背景

Lishi Beijing

　　从1924年到1927年，中国共产党和中国国民党进行了第一次合作，联手在中国大地上发起了一场反对帝国主义、反对封建军阀的轰轰烈烈的大革命。这场革命运动席卷全国，规模之宏大，发动群众之广泛，影响之深远，在中国近代革命历史上前所未有。这场大革命的中心策源地就在广州，推动两党达成合作的最重要的两次会议——中共三大与国民党一大，也都在广州召开。

　　1923年6月12日至20日，中国共产党第三次全国代表大会在广州召开。这次会议中心议题就是讨论与国民党合作、建立革命统一战线的问题。1921年中国共产党成立以后，集中力量领导工人运动，掀起了中国工人运动的第一次高潮。从1922年1月至1923年2月，全国罢工达180多次，其中主要的有香港海员大罢工和京汉铁路工人大罢工。香港海员大罢工取得了胜利，但京汉铁路工人大罢工却遭到直系军阀吴佩孚的血腥镇压，造成了震惊中外的二七惨案。中国共产党从二七惨案中进一步认识到，要推翻帝国主义和封建军阀在中国的统治，仅仅依靠工人阶级的力量是不够的，应该采取积极的步骤去联合孙中山领导的国民党，建立工人阶级和民主力量的联合战线。正当国共两党酝酿第一次合作时，1923年5月，中共中央局迁到了广州，并于6月召开了中国共产党第三次全国代表大会，确立了全体共产党员以个人名义加入国民党、与国民党建立革命统一战线的方针。

1924年1月20日至30日，在中国共产党人与共产国际的参加与帮助下，孙中山在广州召开了国民党第一次全国代表大会。大会确定了"联俄、联共、扶助农工"等重大政策，从而把旧三民主义发展为新三民主义。随后，全国大部分地区以共产党员和国民党左派为骨干改组或建立了各级国民党党部。这样，国民党就由资产阶级的政党开始，基本上成为工人、农民、城市小资产阶级和民族资产阶级的革命联盟，成为各革命阶级的统一战线组织。国民党一大标志着第一次国共合作的正式建立。从此，广东成为大革命运动的策源地和北伐战争的后方基地，中国革命进入了轰轰烈烈的大革命时期。

中共三大历史陈列馆群像浮雕

参观建议
Canguan Jianyi

中国国民党一大
会议旧址

中共三大会址纪念馆

出行线路

中共三大会址纪念馆—中国国民党一大会议旧址

1. 中共三大会址纪念馆

地址：广州市越秀区恤孤院路3号。

开放时间：9：00—17：30，逢周一闭馆。

讲解预约：020–87606531。

参观时长：60分钟。

交通线路：公交"东山口（东华北路）"站、"东山总站（龟岗）"站，地铁1号线"东山口"站

2. 中国国民党一大会议旧址

开放时间：9：00—17：00。

讲解预约：020–83842170。

参观时长：60分钟。

交通线路：公交"中山图书馆站"，地铁1号线"农讲所"站。

温馨提示：中国国民党一大会议旧址归广州鲁迅纪念馆辖管，另有《在钟楼上》《从红楼到钟楼》等常设展，有兴趣可参观。

推动习近平新时代中国特色社会主义思想
在广东大地落地生根 结出丰硕成果

中国共产党第三次全国代表大会会址

全中国国民革命者联合起来

——一九二三年八月一日《中国共产党对于时局之主张》

新

中共三大会址纪念馆一景

情况介绍
Qingkuang
Jieshao

★ 历史现场一 中共三大会址纪念馆

看今朝

中共三大会址纪念馆，位于广州市越秀区恤孤院路，由中国中央机关旧址——春园、中共三大会址遗址广场、中共三大历史陈列馆和旧民居5号楼组成。

中共三大历史陈列馆共有三层展厅，陈列内容主要

中共三大历史陈列馆入口

中共三大会址遗址广场

有四个部分，全面系统地展示了中共三大召开的背景、经过和意义。

第一部分"中共三大召开的历史背景"，介绍了国共合作方针的酝酿与提出、中国工人运动的兴起与挫折以及孙中山联俄联共政策的形成等历史内容。

第二部分"中共三大的召开"，介绍了中共中央迁粤、中共三大的召开、中共第三届中央领导机构的组成等历史内容。

第三部分"国共合作的实现"，介绍了中国共产党帮助国民党开始改组、参与筹备和召开国民党一大，以及革命统一战线的壮大等历史内容。

第四部分"三大的历史作用和深远影响"，介绍了中共三大召开后党组织的发展、培训革命运动骨干、工农群众运动的高涨，以及统一广东与出师北伐等历史内容。

中共三大会址遗址广场，位于陈列馆外。当年这里坐落着一幢两层砖木结构的金字瓦顶房屋，坐西向东，一层南北两间分别为会议室和餐厅，楼上为部分会议代表的宿舍。1923年6月12日至20日，中国共产党第三次全国代表大会就在这里举行。抗战期间，该房屋被侵华日军飞机炸毁，仅存两段墙基和红阶砖地面，现存于遗址广场玻璃展柜下。由于事隔久远，加上资料缺乏，所以大会原址在很长一段时间内一直未弄清，直到1972年由中共三大代表徐梅坤到广州考察后方才确认。

中共中央机关旧址——春园，位于新河浦路，由三幢并列的小楼组成，分别为22、24、26号，在陈列馆和遗址广场的南面约30米

中共中央机关旧址——春园

处。小楼坐北朝南，前临河涌，古树簇拥，环境幽雅，为20世纪20年代由黎姓美籍华侨所建，结构、布局和装饰等方面呈现中西合璧的艺术特色。1923年5月，中共中央机关在共产国际指示下移驻广州春园，春园就成为了中共中央局唯一一次设在广州的所在地。中共三大召开期间，春园也是共产国际代表马林及毛泽东、陈独秀、李大钊、蔡和森等部分代表的居住地。至1923年9月，中共中央机关才由广州春园迁往上海。现春园内陈列复原后的场景，包括一楼的餐厅、毛泽东住房、蔡和森夫妇住房、陈独秀住房、共产国际代表马林住房及会客厅等。

忆往昔

为了便于与孙中山及其所领导的国民党的联系和接触，推进国共合作，1923年5月，中共中央机关从上海迁至广州，并积极准备召开中国共产党第三次全国代表大会。

1923年6月12日至20日，中国共产党第三次全国代表大会在广州越秀区恤孤院31号（现恤孤院路3号）召开。陈独秀、李大钊、毛泽东、蔡和森、陈潭秋、恽代英、瞿秋白、张国焘、李立三、项英等来自全国各地及莫斯科的代表近40人出席大会，代表了全国420名党员。共产国际代表马林参加了会议，陈独秀主持会议并代表第二届中央执行委员会作报告。

会议的中心议题是讨论与国民党合作、建立革命统一战线的问题。与会代表们就中心议题展开热烈的讨论。最终确定了共产党员以个人身份加入国民党，采取党内合作的形式，同国民党建立联合战线，以完成反帝反封建的国民革命的重要任务。大会选举陈独秀、蔡和森、李大钊、谭平山、王荷波、毛泽东、朱少连、项英、罗章龙为中央委员，邓培、张连光、徐梅坤、李汉俊、邓中夏5人为

中共三大会址旧照

中国共产党第三届中央执行委员会开会场景（蜡像）

候补中央委员，由陈独秀、蔡和森、毛泽东、罗章龙、谭平山（后由于谭调职，改为王荷波）5人组成中央局，陈独秀为委员长，毛泽东为秘书，罗章龙担任会计，负责中央日常工作。

会议结束当天，代表们来到黄花岗烈士墓前，在瞿秋白同志的指挥下高唱国际歌。中共三大就在雄壮有力的国际歌声中胜利闭幕了。在党的代表大会闭幕式上唱《国际歌》，就是从中共三大开始的。

一点通

中共三大在党的历史和中国革命史上具有重要的地位，会议根据马克思列宁主义的策略原则和共产国际的指示，结合中国革命的具体情况，充分发扬民主，在分析中国社会矛盾和明确中国革命性质的基础上，正确解决了建党初期党内在国共合作问题上存在的重大分歧，统一了全党的认识，正式确定了共产党员以个人身份加入国民党、与国民党进行党内合作的策略方针，使党能够团结一切可能联合的力量，共同完成反帝反封建的民主革命任务。

★历史现场二 中国国民党一大会议旧址

看今朝

中国国民党一大会议旧址，位于广州市文明路215号的钟楼礼堂。楼始建于1906年，是一座仿罗马古典式砖木结构建筑，正门为拱形圆柱廊，楼前半部分为两层，正中高耸方柱形钟楼，后半部分为一层。整座楼为砖木结构，正面看去似"山"字造形。钟楼是在贡院旧址上建起的新式学堂办公楼。1905年废除科举之后，广东贡院被改建为两广优级师范学堂，后又历经国立广东高等师范学校、国立广东大学、国立中山大学、广州鲁迅纪念馆等沿革。1924年1月20日到30日，中国国民党第一次代表大会在此召开，标志着国共两党第一次合作的实现和反帝反封建的革命统一战线的形成。

礼堂隔壁布展的《钟声：1924——中国国民党第一次全国代表大会历史陈列》详细介绍了中国国民党第一次全国代表大会的始末，包括"顿挫与酝酿""召开与合作""高涨与影响"三个部分。

鸟瞰中国国民党一大会议旧址

忆往昔

在共产国际和中国共产党人的建议和帮助下，国民党第一次全国代表大会于1924年1月20日至30日在广州召开。出席开幕式的代表165人中，共产党员有20多人，其中包括李大钊、谭平山、林祖涵、瞿秋白、毛泽东、李立三等。李大钊被孙中山指定为大会主席团成员，谭平山代表中国国民党临时中央执行委员会向大会作报告。

大会总结了过去革命斗争的经验，对"三民主义"重新作了适合时势要求的解释，使之发展成为具有鲜明的反帝反封建内容和"联俄、联共、扶助农工"三大政策精神的"新三民主义"，并规定了废除不平等条约等一系列内外政策，其政治原则和共产党在民主革命时期的纲领基本相同，因此它成为了国共合作的政治基础和革命统一战线的共同纲领。

中国国民党第一次全国代表大会会场

孙中山等人步出国民党一大会场

大会选举产生了国民党中央执行委员会，其中共产党员李大钊等10人当选为中央执行委员或中央候补执行委员，约占委员总数的1/4。

一点通

中国国民党一大的召开，标志着第一次国共合作的正式建立，将革命统一战线的理论变成了实践，形成了以国共合作为基础的工人、农民、小资产阶级和民族资产阶级的革命团结，极大地壮大和发展了反帝反封建革命营垒的力量。从此，中国大地掀起了大革命的滚滚洪涛，工农运动蓬勃兴起，从南向北扩展，从珠江流域推向长江和黄河流域，掀起了国民革命波澜壮阔的新高潮。

钟楼

工、农、学生运动蓬勃发展和军事斗争的积极探索

——开创革命新局面

历史背景

Lishi Beijing

第一次国共合作开始之后，以反帝反封建为主要内容的国民革命运动日渐走向高潮，广东成为当时全国革命的中心和根据地。为了适应广东革命运动发展的需要，中共中央陆续派遣大批干部到广东，加强党对广东革命斗争的领导。在这样的背景下，1924年10月，中共中央决定将中共广州地方执行委员会改组为中共广东区执行委员会，周恩来任委员长（兼管宣传），陈延年任秘书（兼管组织）。同年11月，周恩来就任黄埔军校政治部主任。中共广东区委书记（党的"四大"后，"委员长"改为"书记"）由陈延年担任。机关设在越秀区文明路办公。共青团区委也在此办公。在党、团组织的领导下，大多数共产党员和青年团员加入了国民党。经过国共两党共同努力，国民革命的影响很快扩大到工人、农民、士兵、青年学生和中小商人中，革命力量从全国四面八方汇集到广州来，形成反对帝国主义和封建军阀的革命新局面。

广东革命形势的迅猛发展，迫切要求建立一支可靠的革命武装力量。在以国共合作为基础的革命统一战线的推动下，为培养革命军事骨干力量，在苏联的帮助和共产党人参与下，黄埔军校于1924年6月在广州创办。黄埔军校的最大特点是把政治教育提到和军事训练同等重要的地位，这是它与旧式军校最根本的区别。1924年11月，回国不久的周恩来担任黄埔军校政治部主任，着手建立政治部正常工作秩序与制度，并加强对学生的政治教育，后来恽代英、萧楚女、聂荣臻等也到军校担任政治教官和各级领导工作，对军校的政治工作和政治教育工作作出了重要贡献。对于中国共产党来讲，黄埔军校是党从事军事活动的开端。

在工人运动方面，中共广东区委通过国民党中央工人部中的共产党员，积极领导广东地区的工人斗争。1924年7月，广州沙面数千名洋务工人举行大罢工，抗议英、法帝国主义者限制中国居民自由出入沙面租界的"新警律"，取得阶段性胜利。1925年5月，为了巩固和扩大工人阶级的组织，加强对全国工人运动的领导，在中国共产党领导下，第二次全国劳动大会在广州召开，建立了中国工人阶级全国统一的工会领导机关——中华全国总工会。为了声援上海的工人斗争，广州、香港的工人在中华全国总工会的领导下，于1925年6月举行了著名的省港大罢工。大罢工总共历时16个月，在经济上、政治上给英帝国主义以沉重打击，显示了中国工人阶级的伟大力量和奋斗精神。

与此同时，农民运动也逐步开展起来。在以共产党员为主的国民党中央农民部和国民党中央农民运动委员会的推动下，初步确定了农民运动计划，决定组织农民协会和农民自卫军。为培养农运干部，在中国共产党倡议下，从1924年7月到1926年9月，广东革命政权在广州先后举办了六届农民运动讲习所。在共产党人彭湃、罗绮园、阮啸仙、谭植棠、毛泽东相继主持下，农讲所为全国20个省区培训了700多名农运骨干，有力地促进了全国农民运动的发展。

在学生运动方面，党的工作主要通过新学生社来开展。新学生社是团领导青年开展宣传、组织工作的团体。至1925年春，新学生社分社遍布全省各地，成为影响力很大的团体，并以此为基地，引导青年学生参加工农运动，将学生运动与工农运动结合起来。

参观建议

Canguan Jianyi

中共广东区委旧址纪念馆

毛泽东同志主办农民运动讲习所旧址纪念馆

沙面　沙基惨案纪念碑

省港罢工委员会旧址纪念馆

中华全国总工会旧址

黄埔军校旧址纪念馆

出行线路

沙面—沙基惨案纪念碑—省港罢工委员会旧址纪念馆—中华全国总工会旧址—中共广东区委旧址纪念馆—毛泽东同志主办农民运动讲习所旧址纪念馆—黄埔军校旧址纪念馆

1. 中共广东区委旧址纪念馆

地址：广州市越秀区文明路194号—200号。

开放时间：9：00—12：00；14：00—17：00，周一、周六、周日闭馆。

讲解预约：020-87606531。

参观时长：1小时。

交通线路：公交"中山图书馆"站，地铁1号线"农讲所"站。

2. 中华全国总工会旧址

地址：广州市越秀区越秀南路89号。

开放时间：9：00—17：00，逢周一闭馆。

参观时长：1小时。

门票信息：免费开放。

交通线路：公交"越秀南路"站，地铁6号线"团一大广场"站。

3. 沙面

开放时间：全天。

电话：0757-85993319。

参观时长：1—2小时。

门票信息：免费开放。

交通线路：公交"市中医院"站，地铁1号线"黄沙"站。

4. 省港罢工委员会旧址纪念馆

地址：广州市越秀区东园横路3号。

开放时间：不向个人开放参观，需要团体进行预约。

交通线路：公交"越秀南"站，地铁6号线"团一大广场"站。

5. 沙基惨案纪念碑

地址：广州市荔湾区沿江西路人民桥东侧江畔广场。

开放时间：全天。

参观时长：1小时。

交通线路：公交"文化公园"站，地铁6号线"文化公园"站。

6. 毛泽东同志主办农民运动讲习所旧址纪念馆

地址：广州市越秀区中山四路42号。

开放时间：9：00—16：30，逢周一闭馆。

讲解预约：每日上午10：00、11：00；下午2：00、3：00，安排4场免费讲解。

温馨提示：观众可持身份证等有效证件在服务台排队领票免费参观，一人一票，当天有效。团体参观，请提前24小时预约。

参观时长：1小时。

交通线路：公交"农讲所"站，"中山四路"站，地铁1号线"农讲所"站。

7. 黄埔军校旧址纪念馆

地址：广州市黄埔区军校路170号。

开放时间：9：00—17：00（最晚入园16：30），逢周一闭馆（法定节假日和特殊情况除外）。

讲解预约：020–82201082。

参观时长：1小时。

交通线路：地铁5号线"鱼珠"站，转换431公交在"鱼珠码头"下，转轮渡往黄埔军校或长洲；地铁4号线"大学城北"站，转换383公交，在军校路口下车，步行到黄埔军校。

中共广东区委旧址

 **中共广东区委旧址纪念馆**

看今朝

中共广东区委旧址纪念馆位于越秀区文明路194号—200号，总面积约700平方米，是一座四幢相连的三层楼房，砖木结构、木楼板，坐南朝北。一楼从左至右分别为住宅和商店，二楼和三楼便是中共广东区委和团广东区委办公的地方。现纪念馆复原了三楼的中共广东区委各部委办公室和二楼的传达室、会客室，其余地方为陈列室。

2018年2月25日，"新时代越秀讲堂"在此揭牌，这是广东省首个区一级以宣讲习近平新时代中国特色社会主义思想为主旨的讲习所。讲习所把学习宣传贯彻习近平新时代中国特色社会主义思想与弘扬红色革命传统结合起来，通过参观旧址、展览，观看专题片，参加主题宣讲交流活动，宣誓等流程，让参加讲习人员更深切感受到共产党人在前进道路上战胜各种困难和风险、不断夺取新胜利的强大精神力量和宝贵精神财富，深刻理解作为一名党员应时刻铭记的初心和使命。

忆往昔

中共广东区委最早设立于1922年5月，当时按照中共中央的决定，将广东支部扩大为广东区执行委员会，负责人为谭平山，区委曾领导过广东、广西两省的革命斗争。区委机关办公室设在该楼房最西边三楼北面，区委几个部也设在三楼。由于当时党的机关处于秘密状态，于是用"管东渠"这个名字向警察局登记，谐音"广东区"，后来"管东渠"就成了广东区委的代号。

1924年10月，周恩来回国后接任中共广东区委委员长一职，1925年2月，由陈延年担任书记。区委管辖的范围，除广东、广西外，到1926年初扩展到福建西部、南部，云南及南洋一带。至1927年，广东区党员达9000多人，占全国党员总数的1/6。区委机关设

各界人士参观中共广东区委旧址纪念馆

中共广东区委旧址纪念馆正门

中共广东区委旧址纪念馆展厅一角

组织部、宣传部、工人部、农民部、军事部、妇女部、监察委员会和秘书处等机构。陈延年、周恩来、彭湃等老一辈无产阶级革命家和革命先驱在这里办公，领导广东人民参与大革命的浪潮。一楼开有中药铺、杂货铺、鞋铺、小吃店等4个店铺为区委的工作做掩护。在这期间，广东区委做出了一个创举，就是在1925年设立了中共首个地方监察委员会，开辟了中共纪检工作的先河，由林伟民任书记，杨殷、杨匏安等担任委员。

1927年4月，国民党右派在广州发动反革命政变，中共广东区委机关被包围查封，撤离广州迁往香港。之后，旧址一直作为民居使用。

一点通

中共广东区委是中共最早建立的地区区委之一，也是当时全国最大的地方区委，为推动国共合作、开展工农运动作出重要贡献。当时中共广东区委还设立了中国共产党最早的地方军事机构——中共广东区委军事运动委员会，以及中国共产党第一个地方纪律检查机构——中共广东区委监察委员会，后者为中国共产党的纪律检查制度奠定了基石，积累了宝贵经验。

★ 历史现场二 中华全国总工会旧址

看今朝

中华全国总工会旧址位于广州市越秀区越秀南路89号，原为惠州会馆，1924年为国民党中央工人总部，1925年中华全国总工会迁此，是中华全国总工会成立后的第一个总部所在地。旧址中间有一圆拱形大门和雕花铁栏栅门扇。由大门进入就是前院，中间有一座两层带地下室的砖木结构西式洋房，一楼是广州工人代表大会礼堂和办公室，二、三楼是中华全国总工会礼堂和办公室。洋房两侧分别矗立着廖仲恺先生牺牲处纪念碑和工农运动死难烈士纪念碑。1958年会址修缮复原，辟为纪念馆。

中华全国总工会旧址正门

忆往昔

1925年5月7日，在中国共产党领导下，第二次全国劳动大会在广州大德路召开。大会建立了中国工人阶级全国统一的工会领导机关——中华全国总工会，并制定和通过了中华全国总工会章程，选举林伟民、刘少奇为正副委员长，苏兆征、邓中夏、李立三、李森等为执行委员。中华全国总工会成立后，中国工人从此有了全国统一的组织，成为大革命时期领导全国工人运动的中心。随后，中华全国总工会领导了反对帝国主义的上海五卅运动和省港大罢工，大力发展工会组织，创办工人学校，培训工人干部，组织工人支援统一广东革命根据地的战争和北伐战争，为推动全国工人运动高潮到来，作出重要贡献。1925年10月，总工会迁入此处办公。

1926年5月，第三次全国劳动大会和第二次广东省农民代表大会在此处联合举行。大会决定在这幢房子的前院左侧建立廖仲恺先生牺牲处纪念碑，以纪念1925年8月25日来此（当时此处仍是国民党中央工人总部）参加会议而遭暗杀身亡的廖仲恺先生，右侧为工农运动死难烈士纪念碑，以纪念在工农运动中牺牲的烈士。1927年2月，国民革命军攻占武汉后，为适应新的革命形势，中华全国总工会北迁汉口，这里改为中华全国总工会广州办事处。

工农运动死难烈士纪念碑

一点通

中华全国总工会的成立，是中国工人阶级在中国共产党领导下经过艰苦卓绝的斗争所取得的重大成果，标志着全国工会组织在新的基础上实现了团结和统一。第二次全国劳动大会的召开和中华全国总工会的成立，对于即将到来的规模更加空前的工运高潮起到了积极的推动作用，并成为团结全国职工与工会组织的一面旗帜。

★ 历史现场三　沙面

看今朝

沙面，曾称拾翠洲，是一个因珠江冲积而成的沙洲，位于广州市区西南部，南濒珠江白鹅潭，北隔沙基涌，与六二三路隔江相望，共有街巷八条，总面积0.3平方千米。沙面在宋、元、明、清时期为国内外通商要津和游览地，鸦片战争后沦为英、法租界，见证了广州近代史与租界史的变迁。1924年发生在这里的洋务工人罢工，是中华民族近代以来与帝国主义压迫抗争奋斗史的缩影。

沙面风光

沙面洋务工人罢工现场　　　　广州工人代表会组织队伍慰问罢工工人

忆往昔

　　第二次鸦片战争结束后，清朝政府被迫签订不平等的租借条约，沙面沦为了英国和法国的租界，是帝国主义的领事馆、洋行所在地，广州的洋务工人也主要集中在这里。1924年6月30日，沙面英法当局以越南人扔炸弹致法国驻越总督马兰受轻伤、5人死亡的事件为借口，颁布侮辱中国人人格的"新警律"，规定沙面华人出入执照上须贴有主人的照片，每晚9时后华人非携带执照，不能出入。"新警律"一颁布，立即激起广州工人的无比愤怒。中国共产党广州地委派主持工会工作的刘尔崧等人乘势发动沙面工人罢工。

　　1924年7月15日，沙面3000多名工人宣布罢工，要求取消"新警律"，全市各进步工会起而响应。上海、北京、湖南等地的工团也纷纷向罢工工人表示支持与慰问。英法最终被迫答应罢工工人的要求，于8月17日签订了协议，将"新警律"取消，修改旧通行证，华人外人一律平等。协议的签订，标志着这场反对英法租界当局颁布的"新警律"的大罢工落幕，工人运动取得阶段性胜利。

一点通

中共广东党组织领导广州沙面洋务工人罢工，要求沙面租界当局取消歧视中国人的"新警律"，并取得胜利。这次罢工犹如一声报春的惊雷，打破了自1923年二七惨案以来中国工人运动沉寂的局面，成为中国工人运动复兴的起点。

★ 历史现场四　省港罢工委员会旧址纪念馆

看今朝

省港罢工委员会旧址纪念馆，原名为"东园"，始建于清末，是当时广东水师提督李准的私家园林。1925年6月省港大罢工爆发，7月国民政府征用东园作为省港罢工委员会办事处，在东园大

省港罢工委员会旧址纪念馆门楼与荷花池

门挂着"中华全国总工会省港大罢工委员会"和"中华全国总工会省港大罢工委员会纠察队本部"两条长匾。

东园分前后两个部分。前半部分的正南大门有一座高约8米的石桥式门楼。门楼横楣上原有"东园"二字。门楼左右两侧各有一个圆拱门,拱门内有两间小房,是罢工委员会工人纠察队的值班室。进园50米有一荷花池。池的东、西各有一八角亭,东亭为工人纠察队总部,西亭为会审处。池的正面有砖木结构的西式二层洋房"红楼",首层是工人纠察队的礼堂,二楼为纠察队的模范队宿舍。后半部池塘的西边有一座罢工委员会

"红楼"

训育亭，随着罢工斗争的发展，北面搭起了4座大葵棚，作为办公的地方和收押犯人的场所。

1926年11月6日，帝国主义收买反动分子纵火焚毁东园，仅存一座门楼和"红楼"前的一棵大树。1964年中共广东省委对此处进行了修复，复原了罢工纠察队用过的"红楼"，设罢工史料陈列室。1985年6月开放。为省级重点文物保护单位。

忆往昔

1925年5月30日，在中华全国总工会的领导下，上海学生两千余人在租界内散发传单、发表演说，抗议日本纱厂资本家镇压工人大罢工并打死工人顾正红，号召收回租界，当场被英国巡捕逮捕一百余人。当天下午上万名群众聚集在英租界巡捕房门外，强烈要求释放被捕学生，却遭到英国巡捕开枪射击，当场打死13人，重伤数10人，逮捕150余人，这就是震惊中外的五卅惨案。消息传到南方，引起了香港工人的满腔愤慨。香港工人在共产党人邓中夏、陈延年、苏兆征等人的领导下，开始支援上海人民反帝大罢工。

首先起来罢工的是香港海员、电车工人和印刷工人，其他行业工人也争相响应。半个月内，参加罢工的人数近20万人。然而港英当局对工人的要求置之不理，还调集英军进入市区、禁止粮食对内地出口等。港英当局的行动，进一步激怒了香港工人和华商。10

苏兆征　　　　邓中夏　　　　省港大罢工的游行队伍

万多名工人和职员在苏兆征等人的率领下回到广州，受到中华全国总工会和广州国民政府的热情接待。"沙基惨案"发生后，罢工进一步扩大。香港罢工工人很快增至25万人。1926年夏，国民政府出师北伐，数千罢工工人组成运输队、宣传队、卫生队、慰劳队等开赴前线，罢工工人纠察队和工人群众镇守后方，为北伐的胜利进军提供了有力的保障。直到1926年10月，罢工委员会根据形势变化，为了支持北伐战争，接受了共产国际远东局关于尽快结束罢工的建议，宣布罢工结束，并取消了对香港的封锁。

至此，省港大罢工共持续16个月，是一次反抗帝国主义屠杀中国人民的政治大罢工，在经济上、政治上给予英帝国主义者沉重打击。

一点通

在广东爆发的省港大罢工是世界工运史上时间最长的一次大罢工，是大革命时期在中国共产党领导之下的规模最大、影响最深远的一次爱国反帝的群众运动，具有伟大的历史意义。这次大罢工在政治上和经济上沉重地打击了英帝国主义，提高了中国共产党在群众中的威信，锻炼和造就了一批革命骨干，将革命高潮向前推进，对巩固广东革命根据地和北伐战争的筹备起了重要作用。

★ 历史现场五 沙基惨案纪念碑

看今朝

沙基惨案纪念碑位于广州市荔湾区沿江西路人民桥东侧的江畔小广场，是一座花岗岩石碑，坐西朝东，方锥形，上小下大，碑上正面镌刻着"毋忘此日"四个大字，上款为"中华民国十四年六月廿三日"，下款为"中华民国十五年六月廿三日广州市政府立"。它是为了纪念1925年6月23日发生在省港大罢工期间的"沙基惨案"而建。每年的6月23日，沙基惨案纪念碑前会举行市民默哀活动，向纪念碑献上鲜花，缅怀那段难忘的历史。

忆往昔

1925年6月21日，为声援上海的罢工工人，香港工人发起了省港大罢工，并纷纷离职返回广州。6月23日，香港罢工工人、农民、学生、青年军人及其他群众10万余人在广州东较场举行集会，要求打倒帝国主义、废除不平等条约，会

1926 年修建的沙基惨案纪念碑

游行队伍从长堤进入沙基

沙基惨案发生现场

现在的沙基惨案纪念碑

后举行了游行，中共广东区委主要领导人陈延年、周恩来均参加了游行。

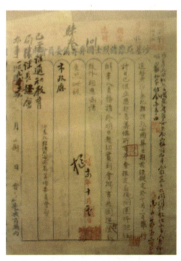

沙基死难诸烈士国葬筹备委员会文件

下午3时，当游行队伍行经沙基西桥口时，突然遭到沙面租界英军士兵机枪扫射，驻扎在白鹅潭的英国军舰同时向北岸开炮。游行队伍毫无防备，四散躲避，当场死亡50多人，170多人重伤，轻伤者不计其数，酿成了骇人听闻的沙基惨案。

1926年6月，国民政府决定将沙基路改筑马路，为纪念遇难同胞，铭记历史和教育后代，将这条路命名为"六月二三路"，后改为"六二三路"，同时还在人民桥东侧、珠江河畔，竖立了刻有"毋忘此日"的石碑，后几经迁移，最终落址在现在人民桥东侧的江畔小广场。

一点通

1925年6月23日发生的沙基惨案，是帝国主义屠杀中国人民暴行的血证，也是中国工人奋起反抗帝国主义压迫伟大斗争的历史写照。沙基惨案进一步激起了民众的愤慨，之后省港大罢工规模进一步扩大，并宣布封锁沙面租界和香港，断绝和英国的一切经济往来，沉重打击了英国殖民者。

⭐ **历史现场六** 毛泽民同志主办农民运动
讲习所旧址纪念馆

看今朝

　　毛泽东同志主办农民运动讲习所旧址纪念馆简称广州农讲所，
位于广州市中山四路42号。旧址原为番禺学宫（孔庙），始建于明
洪武三年（1370）。1926年5月至9月，毛泽东任所长的第六届农民
运动讲习所在此举办。1953年纪念馆建成，周恩来为旧址题名。目
前旧址已按当年原貌恢复了所长办公室、教务部、军事训练部、课

广州农讲所正门

堂、学生宿舍等，布置有《广东农民运动讲习所历史陈列》等常设
展览，展示了第一届至第六届农讲所的历史。该纪念馆藏品中有三
件珍贵文物，包括周恩来亲笔手书的纪念馆馆名"毛泽东同志主办
农民运动讲习所旧址"，毛泽东在农讲所任教期间主编的《农民问
题丛刊》，第六届广州农讲所学员证章一枚，此证章目前全国只找
到两枚。

忆往昔

第一次国共合作形成后，国民革命运动迅猛发展。为了配合即
将进行的北伐战争，发展全国农民运动，国共两党合作创办了培养

广州农讲所展览厅里展示的
当年农讲所开学的新闻报道

广州农讲所展览厅里展示
的毛泽东同志主编的《农
民问题丛刊》

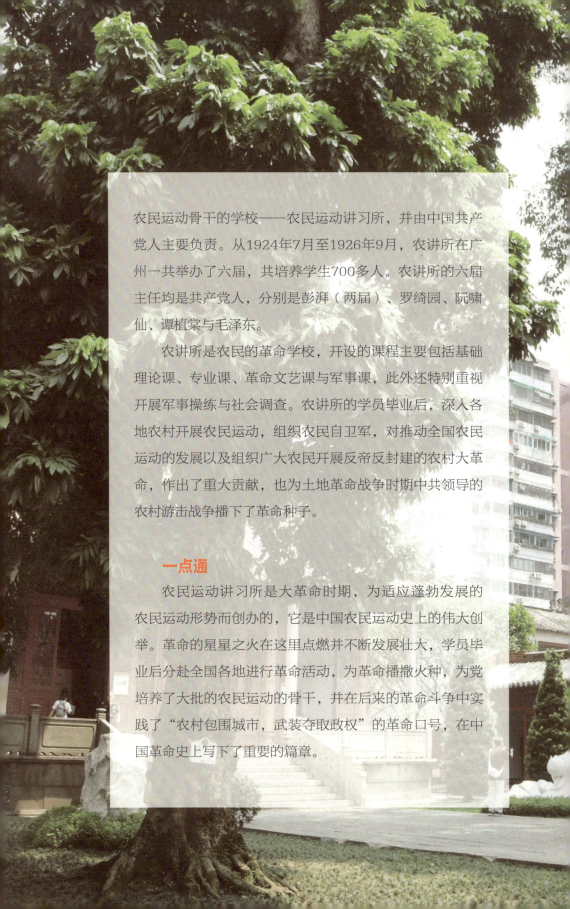

农民运动骨干的学校——农民运动讲习所，并由中国共产党人主要负责。从1924年7月至1926年9月，农讲所在广州一共举办了六届，共培养学生700多人。农讲所的六届主任均是共产党人，分别是彭湃（两届）、罗绮园、阮啸仙、谭植棠与毛泽东。

农讲所是农民的革命学校，开设的课程主要包括基础理论课、专业课、革命文艺课与军事课，此外还特别重视开展军事操练与社会调查。农讲所的学员毕业后，深入各地农村开展农民运动，组织农民自卫军，对推动全国农民运动的发展以及组织广大农民开展反帝反封建的农村大革命，作出了重大贡献，也为土地革命战争时期中共领导的农村游击战争播下了革命种子。

一点通

农民运动讲习所是大革命时期，为适应蓬勃发展的农民运动形势而创办的，它是中国农民运动史上的伟大创举。革命的星星之火在这里点燃并不断发展壮大，学员毕业后分赴全国各地进行革命活动，为革命播撒火种，为党培养了大批的农民运动的骨干，并在后来的革命斗争中实践了"农村包围城市，武装夺取政权"的革命口号，在中国革命史上写下了重要的篇章。

广州农讲所一景

★ 历史现场七 黄埔军校旧址纪念馆

看今朝

　　黄埔军校旧址位于广州市黄埔区长洲岛内，原为清朝陆军小学和海军学校校舍。军校旧址于抗日战争时被炸毁，后复原，现为全国重点文物保护单位，全国爱国主义教育示范基地。现旧址复原了军校正门、校本部、孙总理纪念碑、中山故居、东征烈士墓园、北伐纪念碑、济深公园、教思亭等十几处建筑。当前纪念馆复原展有校长室、总理室、学生宿舍等场所，形象生动地展示了教官和学生日常教学生活状况。

黄埔军校学生宿舍（复原）

纪念馆还布置有《黄埔军校史迹展》，包括"黄埔岁月""军校变迁""情系黄埔"三部分。

忆往昔

广东革命形势的迅猛发展，迫切要求建立一支可靠的革命武装力量。早在1921年12月，共产国际代表马林会见孙中山时，就向他建议创办军官学校，以建立革命军的基础。鉴于过去长期依靠军阀进行革命而屡遭失败的痛苦教训，孙中山在筹划改组国民党的同时，也积极酝酿军官学校的创办。国民党一大召开后，黄埔军校应运而生，于1924年5月正式开学。苏联政府对黄埔军校给予大力支持，除资助200万元作为开办费外，还运来800支步枪和200万发子弹等军需物资，并派遣了一批有丰富经验的军事教官。

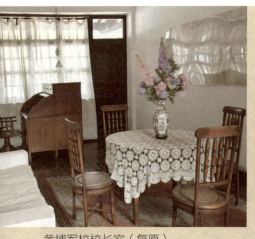

黄埔军校校长室（复原）

校长办公厅（复原）

　　作为国共合作创办的军校，中国共产党十分重视黄埔军校的工作，从各地选派大批党、团员和革命青年到军校学习。在第一期学生中有陈赓、左权、徐向前等共产党员和青年团员五六十人，约占学生总数的1/10。在教职员中也有不少共产党员。

　　黄埔军校的最大特点是把政治教育提到和军事训练同等重要的地位，注重培养学生的爱国思想和革命精神，这是它与一切旧式军校最根本的区别。1924年11月，刚从欧洲归国不久的周恩来出任黄埔军校政治部主任，开始建立政治部的正常工作秩序和工作制度。共产党人恽代英、萧楚女、熊雄、聂荣臻等后来也到军校担任政治教官和各级领导工作。可以说，军校的政治工作完全是由中国共产党人一手建立起来

黄埔军校正门

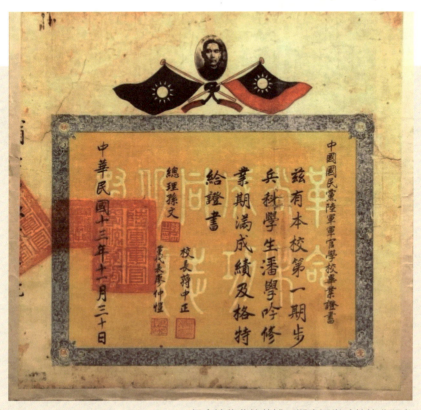

纪念馆收藏的黄埔一期生潘学吟的毕业证书

的，有力地激发了师生们的革命热忱。

　　中国共产党从事军事活动就是从黄埔军校开始的，由此懂得了军事的重要性。后周恩来和中共广东区委在取得孙中山同意之后，从军校第一期毕业生中抽调部分党、团员作为骨干，改组大元帅大本营的铁甲车队，由共产党直接领导，后改为叶挺独立团，为支持工农运动、保卫广东革命根据地，进行了英勇的战斗。

黄埔军校旧址纪念馆一景

一点通

黄埔军校被誉为"中国将帅的摇篮"。在民主革命时期，共产党与国民党的许多将帅都在黄埔军校工作或学习过，包括共和国的五位元帅叶剑英、聂荣臻、陈毅、徐向前、林彪，三位大将陈赓、许光达、罗瑞卿等。周恩来、陶铸、刘志丹和左权等人在黄埔军校工作和学习过，国民党中将以上的高级将领也有187位出自黄埔军校。

黄埔军校在中国现代史和军事史上都具有重要意义。黄埔师生在平定商团叛乱和东征、北伐战争中英勇顽强，所向披靡，立下了不朽功勋。抗日战争爆发后，黄埔师生再度携手，为争取民族解放作出了卓越贡献。

中国共产党不仅推动了黄埔军校的筹建，而且保证了军校建立后各项政治活动的有效展开和军事斗争的不断胜利，在早期黄埔军校建立和发展过程中有着举足轻重的地位和作用。

两次东征

——广东革命根据地的统一

历史背景

Lishi Beijing

　　在以国共两党合作为基础的革命统一战线的推动下，广东革命形势迅速发展。但从整个局势来看，作为全国革命根据地的广东，仍然不是很稳定。革命政府只据有广州、肇庆和韶关三地，全省其他大部分地区仍为各派军阀势力所控制。尤其是盘踞在东江惠、潮、梅地区的反动军阀陈炯明，在英帝国主义和北洋军阀段祺瑞的怂恿下，妄图推翻革命政府。1925年，在中国共产党的积极推动下，革命政府组织了两次东征。

　　1925年2月，第一次东征开始。东征军分三路向东江进军。右翼由周恩来、李之龙等率领黄埔军校以共产党员、共青团员为骨干的两个学生军教导团及粤军第二师，担任东征主力。黄埔学生军和粤军由于共产党员和青年团员勇敢作战，不怕牺牲，发挥了先锋骨干作用，并得到彭湃领导的海陆丰等地农民的配合和支援，从广东南部沿海东进，连战皆捷。东征军攻克淡水占领海丰后，政治部主任周恩来、谭平山和苏联军事顾问鲍罗廷、加伦在海丰的彭湃故居住宿和工作，之后进占普宁、潮安、汕头，又克五华、兴宁。在到达梅县时，周恩来在梅县东较场发表了热情洋溢的演讲，鼓励梅县青年积极参加革命。第一次东征打垮了陈炯明军主力。

1925年7月，中华民国国民政府成立。1925年10月，国民政府为了彻底消灭陈炯明军队，统一广东革命根据地，进行了第二次东征，周恩来任东征军总政治部主任兼第一军党代表，叶挺作为国民革命军第四军参谋处长也随军出征。东征军出师后遇到的第一场恶战就是攻打惠州城，周恩来等在飞鹅岭（现东征惠州遗址）指挥战斗。广大共产党员在战斗中冲锋在前、敢打敢拼，历时30小时的攻城战斗，堪称惨烈。五眼桥附近战地布满了死难将士的忠骸，战后为纪念牺牲的烈士在此附近修立了东征阵亡烈士纪念碑。继而东征军一路东进收复潮安，并在汕头市驻扎设立东征军总指挥部、政治部（现汕头东征军革命史迹陈列馆），兼管潮、梅、惠地区的一切行政工作。之后东征军潮梅留守纵队在兴宁合水开展反围剿战斗，使陈炯明叛军彻底失败。周恩来曾经居住在兴宁两海会馆并在此召开农民运动骨干座谈会，指导兴宁农民运动。两次东征的胜利，巩固了革命成果，统一了广东全境，为后来进行的北伐战争建立了巩固的后方基地。

黄埔军校师生在两次东征中共光荣牺牲的516位烈士，战后被集体安葬在广州市黄埔区长洲岛东征阵亡烈士墓园。

参观建议

Canguan Jianyi

广州市

惠州市

汕尾市

兴宁市

梅州市

汕头市

出行线路

广州市（东征阵亡烈士墓）—惠州市（东征遗址、东征阵亡烈士纪念碑）—汕尾市（彭湃烈士故居）—汕头市（东征军革命史迹陈列馆）—梅州市（东较场）—兴宁市（两海会馆）

1. 东征阵亡烈士墓

地址：广州市黄埔区恩亭路。

开放时间：周二至周日9：00—17：00（16：30停止进馆），周一闭馆。

参观时长：1—3小时。

交通线路：地铁4号线"大学城北"站坐137路、361A路公交车到终点站即可。

温馨提示：距离黄埔军校旧址步行3千米，有兴趣可一同参观。

2. 东征遗址、东征阵亡烈士纪念碑

地址：惠州市惠城区鹅岭东路7号东征纪念公园内。

开放时间：全天。

参观时长：1—2小时。

交通线路：公交"朝京门""渡口所""西湖北门"站。

温馨提示：惠州东征遗址与东征阵亡烈士纪念碑步行距离2.5千米，可打车前往。

3. 彭湃烈士故居

地址：汕尾市海丰县城东镇龙津东路龙香铺。

开放时间：9：00—17：00 。

参观时长：3小时以上。

交通线路：可搭乘前往海丰县海城镇的巴士，下车后再打三轮车前往。

温馨提示：距离红宫红场旧址步行1千米，有兴趣可以一同参观。

4. 东征军革命史迹陈列馆

地址：汕头市金平区外马路207号。

开放时间：9：00—16：30，逢周一闭馆。

电话：0754-88434473。

参观时长：60分钟。

交通线路：公交"东征纪念馆"站。

5. 梅州东较场

地址：梅州市梅江区公园路34号。

开放时间：全天。

参观时长：1小时以上。

交通路线：公交"虹桥头""文化公园"站。

6. 两海会馆

地址：梅州市兴宁市西沿江南路2号。

开放时间：全天。

参观时长：3小时以上。

交通路线：公交"沿江路"站。

温馨提示：内含丰富的潮汕客家文化展览，有兴趣可一同参观。

情况介绍
Qingkuang Jieshao

 东征阵亡烈士墓

看今朝

东征阵亡烈士墓位于广州市黄埔区长洲岛万松岭，坐南向北，依山而建，南高北低，前临珠江，为纪念黄埔军校师生在1925年两次东征中光荣牺牲的516位烈士而修建，是国共两党烈士唯一众骸共葬的墓园，也是黄

东征阵亡烈士墓墓园正门

埔军校遗址保存最为完好的一处。墓园总面积达5万平方米，有"小黄花岗"之称。现墓园内有方形墓台、碑亭、记功坊、蔡光举烈士墓、入伍生墓群、少将墓等文物和东征史迹陈列馆，馆内以文物、历史照片、模型等形式，详细展示出黄埔军校师生两次东征和平定杨希闵、刘震寰叛乱的光辉历史。

忆往昔

1924年至1925年间，为了巩固广东革命根据地，黄埔军校师生先后参加两次东征，讨伐陈炯明、平定滇桂杨希闵和刘震寰军阀叛乱，在巩固广东革命根据地中屡建奇功，并付出了巨大牺牲。在这个斗争过程中，由共产党员起积极作用的黄埔军校校军和第一军战功卓著。他们经过严格训练，具有良好的政治素质和军事素质，士气旺盛，战斗英勇，对国民革命军的其他参战部队起了带动作用。

东征阵亡烈士墓

入伍生墓群

毛泽东后来说："那时军队有一种新气象，官兵之间和军民之间大体上是团结的，奋勇向前的革命精神充满了军队。"军队设立了党代表和政治部，这种制度是黄埔军校中的共产党人创立的，使军队一新其面目。这种新气象，对以后人民军队的建设产生了重要影响。

战后，周恩来奉命组织"抚恤东征阵亡将士委员会"，将在惠州、河源、淡水、五华、棉湖等战场上收集到的烈士遗骸运回广州。1925年12月，国民政府在万松岭修建东征阵亡将士大型墓园，安葬为国捐躯的516位黄埔军校师生。1926年6月墓园建成。

在东征阵亡烈士主墓的东侧，有一个单独墓——蔡光举烈士墓。蔡光举在第一次东征淡水战役中牺牲，亦是黄埔军校牺牲的第一个中校军官。他原是厦门大学的学生，为了救国救民，毅然弃笔从戎，报考

蔡光举烈士墓

黄埔军校,成为军校第一期学员。毕业后,因表现优秀,被任命为军校教导团一团三营党代表。在淡水战役中,蔡光举不幸牺牲。战友们在清理他的遗物时,发现了一封战前写给家中尚未发出的信,他在信中写道"为革命者,只有死和血才能促成革命之成功。主义之花,需要鲜血浇灌。因此我已抱定必死之决心,以我之血,浇灌主义之花",使人感动至深。蔡光举牺牲时年仅21岁。后来党代表廖仲恺从其他同学口中了解到蔡光举的英勇事迹,深为他的革命精神所感动,向军校提议,在东征阵亡烈士墓园为蔡光举烈士单独立墓,由国民党元老、书法家谭延闿题字。

一点通

以国共两党合作组成的黄埔军校师生为了民族的独立自由和国家的统一振兴,在两次东征的战斗中,奋勇杀敌,英勇作战,并在广大工农群众的有力支持下取得了胜利。军校师生也为此付出了巨大的代价,谱写了光辉的历史篇章。那些牺牲的烈士,他们生前同窗共砚,亲如兄弟,在战斗中誓同生死,死后则有幸在青山绿水间共葬一穴。东征阵亡烈士墓是唯一的、保存完好的国共两党烈士众骸共葬的墓冢,值得后人永远敬仰。

★ 历史现场二　东征遗址
东征阵亡烈士纪念碑

看今朝

东征遗址位于风景秀丽的惠州西湖畔飞鹅岭东征纪念公园内，现保存有东征军攻打惠州时留下的战壕以及解放后修建的国民革命军东征战士群像、纪念馆等。飞鹅岭地势险峻，易守难攻，是军事要地，在1923年孙中山督师攻打惠州和1925年第二次东征攻打惠州城时是重要战场，因而建立此公园。在群雕的北侧，建有一座古亭，名曰"飞鹅揽胜"，登上揽胜亭举目眺望，整个惠州城、西湖美景尽收眼底。

国民革命军东征战士群像

黄埔军官学校东征阵亡烈士纪念碑

　　东征阵亡烈士纪念碑位于惠州市城区桥西北门渡口所左侧的五眼桥，距离飞鹅岭2.5千米，毗邻风景秀丽的西湖，是为纪念东征军在攻克惠州城战斗中牺牲的241名官兵而建。纪念碑高约5米，由碑座和碑身两部分组成，周围以炮弹模型作围栏，炮弹间用铁链相连。碑身为花岗岩石，长条方形，正面阴刻"黄埔军官学校东征阵亡烈士纪念碑"楷书大字，系黄埔军校教育长林振雄所题。碑座四周嵌四块石碑，前后两块为大理石，前面刻有"精神不朽"四个大字，后面刻有"气壮西湖"。左右两块墨石均刻有此役牺牲的烈士英名。该碑在中华人民共和国成立初期被毁，1992年10月，惠州市人民政府在五眼桥东侧依原碑模式复建此碑，以彰先烈之精神。

忆往昔

1925年10月1日，国民政府进行第二次东征。东征军由蒋介石任总指挥，周恩来任总政治部主任。这次东征，在省港罢工工人和东江农民的支持下，很快收复了潮汕两地，11月初收复了东江，广东革命根据地基本上统一。

惠州城素有南国第一天险之称，地形险要，三面环水，一面临山，城墙高达8米，易守难攻。东征军在飞鹅岭设立攻城指挥阵地和炮兵阵地，多次以炮火轰击城门，周恩来等先后登上飞鹅岭视察和指挥战斗。13日，指挥部发出对惠州城的总攻击指令。攻城先锋队竖起梯子爬城，但梯短城高，敌人居高临下，拼死顽抗，多次冲锋都失败了。攻城军队蒙受极大的损失，黄埔军校教官刘尧宸所在的第四团死伤已近1/3。就在当天最后一次进攻中，刘尧宸被子弹击中头部，当场牺牲。牺牲前他大喊："你们要打进城去！"他的牺牲激起了官兵们极大的愤怒，他们发誓要为团长报仇。翌日，周恩来亲临指挥，终于在14日下午4时许攻克惠州。历时30小时的攻城战斗，东征军牺牲官兵241人，五眼桥附近战地布满了将士的忠骸，场面悲壮。廖仲恺称赞"此次战役可与黄花岗

东征遗址

烈士比美"。苏联军事顾问感慨地称赞："惠州要塞实际上是共产党人拿下的，他们的意志比攻不破的城墙还要坚硬。"

此次战役后，时任黄埔军校政治部主任周恩来在惠州市涂山公园（现中山公园）主持追悼会，并在惠州东征军攻城处建立"黄埔军官学校东征阵亡烈士纪念碑"以慰英灵。1930年3月，黄埔军官学校在五眼桥北侧战地旧址建成东征阵亡烈士纪念碑。

一点通

在第二次东征中，以共产党员和共青团员为骨干的"攻城先锋队"以死伤官兵400余人的代价，攻克素称"天险"的惠州，极大地鼓舞了东征军的士气。东征军占领惠州以后，部队乘胜挥师东进，

直指梅、潮两地，为东征军全歼军阀陈炯明的反动势
力和第二次东征的全面胜利奠定了坚实的基础，是实
现广东统一的重要一步，同时也为日后发动北伐战争
打下基础。

★ 历史现场三　彭湃烈士故居

看今朝

彭湃烈士故居坐落在汕尾市海丰县城东镇龙津东
路龙舌铺，面宽三间12.9米，进深10.9米，建筑面积

彭湃烈士故居

六人农会雕像

得趣书室

266平方米。前廊仿西式建筑，主楼双层，楼板加铺花砖，风火式山墙，整座建筑为中西结合的院落式砖木结构，四周围墙，主楼前为小院。1896年10月22日，彭湃烈士在此出生，并在这里度过了童年和青少年时代。

故居中主要设有彭湃烈士一家事迹陈列展览、得趣书室、六人农会、雕塑广场以及"彭湃烧田契"浮雕。其中得趣书室位于故居东侧，是彭湃青少年时期的书室。东征军第一次到达海丰后，东征军总政治部主任周恩来、谭平山和苏联军事顾问鲍罗廷、加伦在此住宿、工作。周恩来在得趣书室与彭湃会面，并在这里帮助建立了中共海陆丰特别支部，彭湃任书记，中共海丰地委也设在此办公。

忆往昔

1925年2月，第一次东征开始。为发动东江地区的广大工农群众配合和支援革命军东征，周恩来与彭湃磋商后决定组织先遣队。彭湃指派在广州拉人力车的60多位海丰籍工友组成东征先遣队，为东征军作向导，并派人带信给在海陆丰坚持秘密斗争的农会领导人，要求他们收集陈炯明的军事情报，做好动员和组织农民配合东征军作战等工作。东江农民得到消息后，立即把过去埋藏在地下的土炮、尖串、匕首等武器挖出来，积极参加农会组织的侦察队、运输队、慰劳队、宣传队等队伍，接应和配合东征军进行战斗。

1925年3月1日，海丰各界人民代表一千多人，在海城举行联欢大会，周恩来、彭湃出席大会并发表演说。周恩来热烈赞扬了海陆丰人民积极参加东征的革命行动、为消灭军阀陈炯明所做的贡献。在彭湃的领导下，海陆丰的农会组织迅速恢复，并在农军的基础上筹建海陆丰农民自卫军。自卫军成为农民协会的坚强支柱，在维持治安，肃清残敌，收缴地主豪绅所藏枪支武器等斗争中，发挥了重大的作用。9月，逃往闽南的陈炯明军阀余部乘机重陷东江。国民革命军于10月第二次东征，在当地农会组织的协助下，不及一月就全歼陈炯明余部，使东江地区重回国民政府之下。

一点通

东征军在广大工农群众的大力支援下，以锐不可当之势，连战皆捷，1925年4月控制东江地区。陈炯明军阀残部逃往福建南部，革命军第一次东征取得伟大胜利。之后，彭湃领导的海陆丰农民运动，对当时正在蓬勃开展的全国农民运动有着重要的引领、示范作用，对帮助解决当地农民日常生活中的困难和反对封建恶习起到了很重要的推动作用，也为后来大规模的农民运动播下了革命的种子，提供了宝贵的经验。

 **历史现场四 东征军革命史迹陈列馆**

看今朝

汕头市东征军革命史迹陈列馆，位于汕头市金平区外马路207号，依托国民革命军东征总指挥部、总政治部旧址而建，是汕头市第一个革命史专题馆。汕头市东征军革命史迹陈列馆分东、西楼，为两座钢筋混凝土整体式梁板柱砖木混合结构两层楼房。

馆内现有的基本陈列《东征历史陈列》，面积约700平方米，内容分五个部分，分8个展室布展。展厅共有九间展室和周恩来同志专用办公室及器械室，分六大部分展出历史照片近200幅和文物、复制品150件。展馆再现了第一次国共合作期间两次东征讨伐盘踞在东江地区的军阀陈炯明的全部历程。

东征军革命史迹陈列馆

东征军革命史迹陈列
馆展厅一角

忆往昔

在统一广东革命根据地的两次东征中，东征军曾两次到达潮汕地区。第一次是1925年3月，周恩来以黄埔军校政治部主任的身份参与领导东征军，于3月9日进入汕头，不到一个月就攻下潮汕，把洪兆麟部逐出广东境。之后中共汕头市特别支部成立，杨石魂被委为首任书记。这是潮汕大地第一个党支部，中共汕头特支也成为了领导潮汕地区革命的核心力量。

第二次是1925年10月二次东征之时，11月4日周恩来率领东征军总政治部人员入汕。此次东征军进入汕头市，总指挥部和总政治部就设在外马路的适宜楼，兼管潮、梅、惠地区的一切行政工作，推行一系列革命措施，革新政权机构，惩办贪官污吏，整顿治安，查禁鸦片。周恩来同志就在东楼办公，他在这里组建了中共潮梅特别委员会，领导潮梅地区的革

周恩来为《岭东民国日报》副刊刊头题写的"革命"二字

东征军革命史迹陈列馆的浮雕

命运动，并为《岭东民国日报》副刊刊头题写"革命"二字，还在这里接见各界人士，大力发展工农运动，支援省港大罢工，为推动粤东地区革命事业的发展作出贡献。为了严明军纪，他制定了"不拉夫，不筹饷，不强占民房，不用军用券"的规定。从此，"莫走人家取门板，莫拆民房搬砖石，莫踏禾苗坏田产，莫打民间鸭和鸡"的《爱民歌》传遍了大街小巷。

一点通

两次东征的胜利，充分展示了第一次国共合作、建立革命统一战线的卓著成效，使四分五裂的广东迅速获得统一，成为全国唯一的革命根据地，为举行北伐战争准备了比较巩固的后方基地。

⭐ 历史现场五 梅州东较场

看今朝

　　梅州东较场位于梅州市梅江区公园路34号。1925年4月，国民革命军第一次东征到达梅县后，周恩来曾在此发表演讲，之后在梅县开展了一系列的革命活动，有力地推动了梅县地区革命运动发展。现因城市发展需要已改建为梅州足球文化公园。

忆往昔

　　1925年2月，黄埔军校政治部主任周恩来带领军队参加第一次东征。4月12日，周恩来同志领导东征军总政治部乘船来到梅县。东征军抵梅后，积极进行革命宣传。为举行孙中山逝世的悼念活动，梅县地区从城市到乡村，都有悼念仪式和报告会，并在梅县

梅州东较场

周恩来（一排中坐者）参加广东梅县商会召开的欢迎东征军大会

东较场召开了一千多人的各界群众大会，附近各中学学生大部分参加大会。周恩来同志在会上作了报告，主要内容是：打到帝国主义，打到军阀官僚和土豪劣绅，宣传三民主义，提倡抵制日货。随后参加广东梅县商会召开的欢迎东征军大会。

一点通

周恩来在这次演讲中积极鼓动梅县青年从事革命运动，并论述了东征的意义，宣讲了革命形势，提高了梅县学生和人民的思想觉悟，极大地鼓舞了一大批进步青年的革命斗志，进一步坚定了他们反帝、反封建和反军阀的决心。此外，周恩来同志在梅县积极开展革命活动，给梅县带来了革命思想，播下了革命火种，对梅县地区革命运动的发展，产生了深远的影响。

★ 历史现场六　两海会馆

看今朝

　　两海会馆位于梅州市兴宁市西沿江南路2号,是广东省文物保护单位,始建于清代嘉庆十一年(1806),由海阳、澄海两邑旅兴商贾所建而得名,故又称"潮州会馆"。会馆坐西向东,占地约1000平方米。从正门进去,庭院纵向依次排列,正殿左右翼以回廊,形成四合院布局,综合运用绘画、雕刻、文字作墙壁、挑手、柱梁、斗拱、托檐等构件的装饰,内容丰富,形象生动,栩栩如生。周恩来曾在此处召开农运会骨干会议,指导兴宁革命运动。一批批革命青年在这里宣誓入党,走上革命斗争的道路。2017年,该馆被列为《东征军兴宁历史展览馆》进行布展,重点展示了"东征军在兴宁""周恩来在兴宁"和"潮汕人在兴宁"的史实。其中中间的主

两海会馆

两海会馆展示厅一景

馆以立体雕塑的形式再现了周恩来在兴宁指导农民运动的场景。

忆往昔

在两次东征的过程中，东征军队曾两次到达梅州兴宁。第一次是1925年3月19日，第一次东征的军队右翼部队在当时的黄埔军校校长蒋介石、政治部主任周恩来率领下进抵兴宁，并在兴宁人民的全力支持下，进攻兴城，激战两天，取得胜利，史称"兴宁大捷"。

第二次是同年10月，广州国民政府举行第二次东征，于31日攻占兴宁。1926年2月，东征军潮梅留守纵队在兴宁合水开展反围剿战斗，使陈炯明叛军彻底失败。于是兴宁便成为了东征军在粤东的最后一战所在地。

在兴宁战斗工作期间，周恩来居住在两海会馆，并在此召集由卢惊涛、赖颂祺、罗衍芳等人参加的农民运动骨干座谈会，对兴宁工作作了重要指示，有力地促进了兴宁县农民运动的开展，同月，在兴城刁屋坝召开了农民代表大会，成立了"兴宁县农民协会"。会议选举卢惊涛为县农会主席。后来，卢惊涛和赖颂祺先后被国民党反动派杀害。

一点通

"两次东征带雨来。"两次东征为兴宁革命留下骨干、播下种子、有力地促进了兴宁工农革命运动的蓬勃发展。尤其是周恩来同志在兴宁工作期间，不但参与指挥击败盘踞在兴宁的叛军，而且积极参与农会活动，播下了革命的火种，促进了兴宁革命统一战线的建立和工农运动的兴起，为兴宁后来成为中央苏区县打下了良好的基础。

两海会馆展厅一角

线路四

北伐战争

——大革命的高潮

历史背景

Lishi Beijing

　　1911年的辛亥革命推翻了封建君主专制统治，但是胜利果实被袁世凯窃取。中华大地一时深陷在封建军阀的黑暗统治中，民众深受蹂躏，痛苦不堪。为了实现振兴中华、拯救民族于水火，孙中山曾先后于1922年和1924年两次移师韶关，并以此作为大本营进行了两次北伐，史称"韶关北伐"。韶关北伐的失败使孙中山逐渐认识到了依靠军阀打倒军阀、依靠旧军队灭亡旧军队的方式是行不通的，也使孙中山的目光逐渐转向了中国共产党，并在共产国际的帮助下着手国共合作。

　　在第一次国共合作时期，中国共产党积极推动中国革命事业发展，高举打倒帝国主义、推翻封建军阀统治的伟大旗帜，先后协助国民党改组、建立黄埔军校、平定商团叛乱等，为北伐战争的顺利进行作出了突出贡献。

　　1926年至1927年间，中国人民在中国共产党和国民党的共同组织领导下进行了反对帝国主义和北洋军阀的革命战争，史称第三次北伐或北伐战争。国民革命军在广州东较场（现广州英雄广场）誓师出征，进军势如破竹，迅速消灭了军阀吴佩孚和孙传芳的主力。广大共产党员努力通过加强北伐军各部政治工作、发动工农群众等实际行动，有力保障了北伐军的顺利进军。1925年11月以共产党员和共青团员为骨干的第四军叶挺独立团在肇庆阅江楼成立后立即投入战斗，担任北伐先遣队。在叶挺的带领下，独立团战士北出梅岭、所向披靡，先后取得了汀泗桥、贺胜桥等大战的胜利，赢得了"铁军"的光荣称号。中国共产党人在北伐战争中无论担任什么职务，始终是站在斗争的最前列，以身作则，鼓舞身边的官兵浴血奋战，充分发挥共产党员的先锋模范作用。

北伐战争是中国人民对帝国主义和封建军阀进行的大规模武装斗争。战争虽然最终因反动派的叛变而终止，但它沉重打击了北洋军阀的腐朽统治和帝国主义的殖民掠夺，大大加速了中国革命的历史进程，在中国革命史上书写璀璨篇章。

阅江楼叶挺独立团团部旧址纪念馆展厅一角

参观建议

Canguan Jianyi

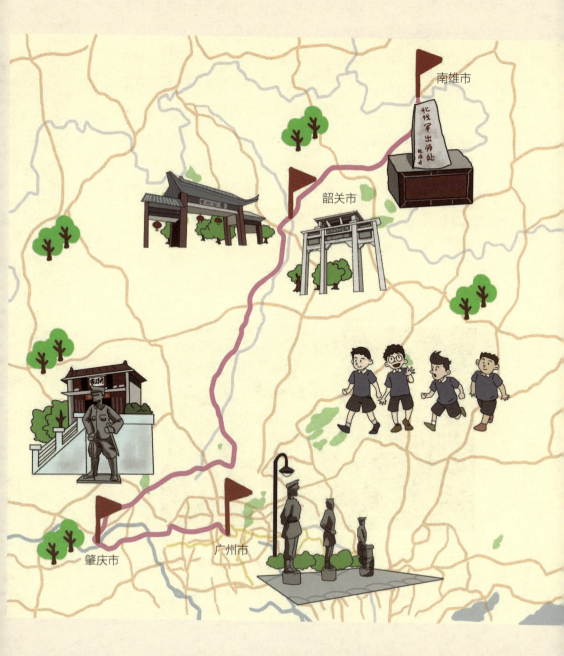

出行线路

广州市（英雄广场）—肇庆市（阅江楼叶挺独立团团部旧址纪念馆）—韶关市（北伐战争纪念馆、中山公园、梅岭北伐军出师处）

1. 英雄广场

地址：广州市越秀区中山三路25—27号。

开放时间：全天。

参观时长：30分钟。

交通路线：公交"大东门"站。

2. 阅江楼叶挺独立团团部旧址纪念馆

地址：肇庆市端州区正东路2号。

开放时间：9：00—16：00，周一闭馆。

参观时长：1小时。

联系电话：0751-8884675。

交通线路：公交"阅江楼"站。

3. 北伐战争纪念馆

地址：韶关市五里亭良村公路四横巷4号。

开放时间：9：00—17：00，逢周一闭馆。

参观时长：1小时。

交通线路：公交"北伐纪念馆"站。

4. 中山公园

地址：韶关市浈江区园前路2号。

开放时间：6：00—21：00。

参观时长：2小时。

联系电话：0751-8884675。

交通线路：公交"中山公园"站。

5. 梅岭北伐军出师处

地址：韶关市南雄市梅岭村。

开放时间：7：00—19：00。

参观时长：半天。

交通路线：建议自驾前往，景区入口有停车场。

阅江楼叶挺独立团团部旧址纪念馆

情况介绍

Qingkuang Jieshao

★ 历史现场一　英雄广场

看今朝

英雄广场位于广州市中山三路25—27号，正对着广州起义烈士陵园正门，原是东较场的一部分。广场占地1.25万平方米，广场内耸立着叶挺、叶剑英、聂荣臻等11位革命先烈大型雕像，以供市民驻足瞻仰。1926年，由国共两党组成的北伐国民革命军便是在这里誓师

英雄广场的塑像

出发。此外，这里亦是1911年黄花岗起义、1927年广州起义等重大历史事件的遗迹。

忆往昔

1926年至1927年的北伐战争，是中国人民在中国共产党和中国国民党合作领导下进行的反帝反封建的革命斗争。1926年2月，中国共产党向全国人民明确提出了出兵北伐推翻军阀统治的政治主张。7月1日，国民政府发出《北伐宣言》。7月9日，国民革命军北伐誓师大会在广州东较场隆重举行，党政军负责人和各界民众5万多人参加。大会结束后，国民革命军的8个军约

英雄广场

10万人，兵分三路，从广东正式出师北伐。在北伐军中，共产党员李富春、朱克靖、廖乾吾、林伯渠分别担任二、三、四、六军的党代表。参加北伐军各级负责工作的共产党员还有陈毅、陈赓、蒋先云、张际春、叶挺、周士第等。从此，中华大地上的国民革命步入大高潮。国民革命军挥戈北上，一路凯歌，仅半年时间，就取得了惊人的进展，控制了南方大部分省区。

在北伐战争的浪潮中，共产党人努力通过加强北伐军各部政治工作、亲历戎行参加指战、发动工农群众等实际行动，有力保障了北伐军的顺利进军。周恩来、鲁易、包惠僧等大批优秀的共产党员被派驻到国民革命军各部进行政治领导工作；毛泽东、李富春、林祖涵等人在原广东省议会旧址举办了"中国国民党政治讲习班"以充实国民革命军政治工作人员。此外，中国共产党员还英勇奔赴战场，叶挺担任独立团团长、刘伯承担任暂编第十五军军长、卢德铭担任武汉政府警卫团团长、朱德担任南昌军官教导团团长、叶剑英担任第四军教导团团长等。共产党人的表率和先锋作用，鼓舞、团结了北伐军奋勇迎敌。而广大工农民众也在共产党人的领导下，大力援助北伐军。北伐出征前，广州工代会在共产党员刘尔崧等的组织领导下努力做好支前准备。共产党人还积极组织了"农工商联合会""北伐运输委员会""欢送北伐军委员会""北伐女子救护队"等组织，全力支援北伐军的后勤保障工作，有力地保证了北伐战争的顺利进行。

一点通

北伐战争是一场规模空前的反帝反封建革命战争，是大革命中的高潮事件，是国共合作的成果之一。北伐军在不到半年的时间里，打垮了吴佩孚，消灭了孙传芳主力，进占到长江流域和黄河流域部分地区，沉重地打击了帝国主义和封建军阀的反动统治，形式上统一了全中国，加速了中国革命历史的进程。

★ 历史现场二　阅江楼叶挺独立团团部旧址纪念馆

看今朝

叶挺独立团团部旧址纪念馆位于肇庆市端州区正东路2号。第一次国共合作时期，中国共产党掌握的第一支正规军队——国民革命军第四军独立团便于此处成立。2009年5月，该馆被中宣部公布为第四批全国爱国主义教育示范基地。

朱德和叶剑英同志为叶挺独立团所亲笔题写的字

　　纪念馆位于小山岗上，坐北向南，为典型的广东四合院式古建筑。馆址包括南、北、东、西四座，以四座耳楼衔接通连。南北两楼为歇山顶，东西两楼为券篷顶。馆内设《铁军独立一雄团》陈列，围绕叶挺独立团在肇庆的建立和后来发展的历程，分"肇庆建团""军政活动""援助农运""北伐先锋""武装起义""将星璀璨"六个专题，通过历史照片、文物、场景、雕塑、绘画、模型、电视专题片等形式，展现叶挺独立团的光辉战斗历程。此外，馆内还有《端砚春秋》等其他丰富陈列展览。

阅江楼

叶挺独立团的战士在刻苦学习

忆往昔

随着反帝反封建的国民革命深入发展，中国共产党人在斗争的实践中逐步认识到掌握武装的重要。1925年11月，以陆海军大元帅府铁甲车队为基础的叶挺独立团在肇庆成立，团部设在阅江楼，直属中共广东区委管辖。

独立团成立后，团部高度重视军队党建工作。全团以团的党支部为领导核心，积极发展并有共产党员百余人，团设党支部，营设党小组。在驻防肇庆期间，独立团军纪严明，与人民群众保持鱼水情谊，其所辖军警巡查队队部成了独立团官兵与肇庆人民群众促膝谈心的好场所。团长叶挺同志经常穿上战士服装，以普通士兵的身份参加军警巡查队的日常巡逻，维持当地社会治安。独立团积极支援了西江地区的农民运动，出兵处理了反动武装阴谋攻打农会的"领村事件"，沉重地打击了当地封建地主势力，推动了西江农民运动的蓬勃发展。

北伐战争开始后，叶挺独立团奉命担任北伐先遣队。当时，叶挺独立团装备比较简陋，全团二千余人，配备的武器是粤造七九式步枪，只有两挺重机枪，而粤造七九式步枪在当时是比较落后的。1926年5月1日叶挺独立团从肇庆、新会出发，到达广州后举行出征誓师，冒着酷暑、淋着暴雨行军接敌，6月初在渌田打垮吴佩孚6个团，解救了唐生智的湘军，首战大捷，接着强攻汀泗桥、智取贺胜桥、勇登武昌城，一路经历8次重大战役，所向披靡，威震天下。

阅江楼叶挺独立团团部旧址纪念馆战士宿舍（复原）

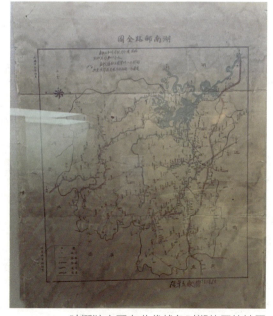

叶挺独立团在北伐战争时期使用的地图

一点通

"叶挺铁军声赫赫，北洋统治瞬息摧。"叶挺独立团在成立后不久，便在汀泗桥、贺胜桥等著名战役中出生入死，所向披靡，取得辉煌战绩，为四军赢得了"铁军"的光荣称号。叶挺被公认为"北伐名将"。

"军民团结如一人，试看天下谁能敌。"叶挺独立团的建立开创了中国共产党领导人民军队的先例，为党独立领导武装斗争积累了丰富经验。正如朱德元帅所说，大革命时期的叶挺独立团，是研究中共军史的"老根"。

阅江楼叶挺独立团团部旧址纪念馆一景

北伐战争纪念馆牌坊

⭐历史现场三 北伐战争纪念馆

看今朝

韶关北伐战争纪念馆，位于韶关市浈江区五里亭良村公路四横巷4号，为缅怀孙中山先行革命的丰功伟绩而建。纪念馆按原貌1∶1比例复建，重现了韶关北伐时期的历史盛况。

纪念馆大门为题有"北伐战争纪念馆"的具有浓郁岭南特色的大型牌坊，主馆前方庄严肃穆地耸立着孙中山登墙远眺的半身铜像。纪念馆的主体部分是一幢二层西式四合院砖木结构楼房，外墙由仿古青砖清水墙砌筑而成。纪念馆内分为序厅、第一次北伐战争展厅、第二次北伐战争展厅、第三次北伐战争展厅、北伐名将展厅、场景复原等六大部分，陈列着孙中山在韶关两次北伐和国民革命军北伐的珍贵历史资料、图片和文物。

孙中山塑像

忆往昔

　　韶关旧为曲江县治，自古被人称为"唇齿江湘，咽喉交广，据五岭之口，当百粤之冲"。在军事上，谁掌握韶关，谁就能威镇三省，居高临下，纵横南北。因此，自古岭南有战事，韶关便是兵家必争之地。孙中山为了推翻北洋军阀统治，实现中国统一，于1922

1924年9月20日，孙中山在韶关举行北伐暨誓师大会，并发表演说，检阅部队

年与1924年两次在韶关设大本营举兵北伐。在韶关出师北伐，既便于就近指挥，策应湖南、江西两路，居中运筹，又可密切广州动向。因此这两次北伐又称为"韶关北伐"。

孙中山在韶关北伐期间极为注重宣传工作，同时对北伐军军纪也十分严明，多次发布各项军令约束北伐军爱护韶关人民。因此，韶关北伐深得韶关人民的支持与赞助：为北伐设立大本营和军队驻扎提供场所、为北伐军运送北伐军和物资并协助北伐军筹建兵站、通过各条渠道和采取多种方法筹措北伐军费和物资等。

一点通

韶关北伐是孙中山倡导的武力统一全国的重大举措，是他晚年军事思想的高峰和宏伟治国方略的实践，也是孙中山生前未竟的革命意愿，蕴含着中国革命先行者们对国家统一、独立而平等地屹立于世界民族之林的美好愿景。1926年，国共两党共同推动的北伐战争，形式上统一了中国，是孙中山政治思想与北伐实践的继承与发扬。

★ 历史现场四 中山公园

看今朝

中山公园位于韶关市浈江区园前路2号，地处浈江、武江、北江三江交汇处，原为韶关教场，是孙中山1922年和1924年两次举行北伐誓师大会的会场旧址。抗日战争时期，中山公园曾是韶关飞机制造厂，为抗日战争发挥重要的空防军备生产作用。2005年1月，此处被韶关市人民政府评为韶关城新十景。为了方便后人瞻仰先烈，公园入口处有一尊7.2米高的孙中山先生铜铸全身像。园内设有专门的中山纪念馆，珍藏并展览了孙中山先生当年在韶关活动期间的大批珍贵史料。

中山公园正门

忆往昔

为了"造成独立自由之国家，以拥护国家及民众之利益"，孙中山先后于1922年和1924年两次赴韶关，督师北伐。

1922年6月1日，第一次韶关北伐誓师大会在韶关教场举行，孙中山亲临大会，主持誓师。他在大会上慷慨陈词，强调了北伐、统一中国的重要性。随后，北伐军由韶关出发，兵分三路，直指赣州，打开北上的大门。此时，陈炯明在广州发动叛乱，并围攻总统府，孙中山不得不退居军舰并下令"回师靖难"。

1924年9月20日，孙中山在韶关教场再次举行北伐誓师大会，并检阅北伐部队。随后，驻韶各军分两路出发北伐。但部队很快就遭到了湘、赣、粤三省军阀的联合夹击，北伐军腹背受敌、粮弹断绝，只能再次放弃计划，重新撤回广东大岭、南安、南雄一带坚守。

一点通

两次韶关北伐皆惨遭失败，让孙中山逐渐认识到了依靠军阀打倒军阀、依靠旧军队灭亡旧军队的方式是行不通的。为此，孙中山逐步推进国民党改组、革命武装建设，扬起了"联俄、联共、扶助农工"的大旗，实行国共合作。此后，以推翻帝国主义在华势力和北洋军阀为目标的国民大革命，似滚滚洪流席卷中华大地。

★ 历史现场五　梅岭北伐军出师处

看今朝

北伐军出师处纪念碑耸立在韶关市南雄市169乡道的梅岭景区内，为纪念孙中山先生等革命先烈北伐革命事迹而立。纪念碑上"北伐军出师处"题字是陈毅元帅的次子、时任解放军总装备部科技委委员的陈丹淮少将在2003年8月28日视察梅岭时题写。石碑的底座用正楷字体详细地记录了革命先烈前赴后继参与北伐的峥嵘岁月。

此外，梅岭亦是后来赣粤边红色根据地的一部分，陈毅、项英等人在此开展南方三年游击战，留下了许多动人的传奇故事及为争取革命胜利而浴血奋战的光辉足迹。现在梅关古道上设有陈毅的《梅岭三章》诗碑。

忆往昔

梅岭为五岭（大庾岭、骑田岭、萌渚岭、都庞岭、越城岭）之一大庾岭东段，大庾岭横亘广东、江西两省之间，全长200多千米。梅岭海拔只有400多米，但它处于大庾岭之咽喉，地理位置重要。唐朝张九龄开凿了梅关古道之后，这里便成为联通粤赣两省的重要通道，再加上这里山势险峻，峰峦对峙，自古便是兵家必争之地。

1922年到1926年间，从孙中山的两次韶关北伐到国民革命军的北伐战争，北伐军曾三次过梅岭进入江西作战。1922年第一次韶关北伐，北伐军共约4万余人兵分三路，其中中路军是北伐的主力，沿大路经南雄直出梅关。三路大军直指赣州，打开北上的大门。1924年第二次韶关北伐，北伐军分两路，其中一部分经梅关古道挥师江西。1926年国共两党共同合作的北伐战争，国民革命军8个军10万余人分三路出师，其中第二军以共产党员李富春为党代表和政治部主任，取道南雄梅关进入江西。

一点通

　　作为在中国近代史舞台上的新生政党，中国共产党在推动革命的进程中，坚持统一战线这一重要法宝，团结联合一切革命力量。而作为中国民主革命的先驱，孙中山毕生致力于统一中国以实现民主共和的事业，在其经历了多次革命曲折经历后，尤其是两次韶关北伐的失败，认识到中国革命的道路不能依靠军阀，必须要与先进的革命群体合作。于是中国共产党和国民党进行了第一次合作，并以北伐战争的胜利，标志这场国民大革命进入高潮。但由于后来蒋介石等国民党右派的背叛，第一次国共合作破裂，大革命戛然而止。但年幼的中国共产党经历了这场洗礼之后，收获了经验与教训，为日后的不断成长打下了坚实基础。

北伐军出师处石碑

后记

　　本书作为《红色广东丛书》广东红路系列中的一本，编撰人员按照相关要求，本着求实的专业精神，以严肃认真的态度，完成了本书的写作。本书从2019年7月开始筹划部署，至2020年5月完成初稿；之后经过数次讨论修改，并就其中若干问题征求相关专家和领导的意见；6月由主编与出版社对全书进行审稿和统编；7月全书清稿完毕。

　　参与全书的撰稿人员为：线路一：中共广东省委党校李宇博；线路二：中共广东省委党校霍一帆；线路三：中共广东省委党校丁晨光；线路四：中共广东省委党校李溢峰。此外，中共广东省委党校欧海龙同志、张棣同志给予了悉心指导，为本书提出了不少修改意见。

　　本书虽然几经讨论和修改，但因所涉历史事件、人物和问题较多，难免有错漏之处。为此，热切希望得到读者的谅解与批评指正，以便予以修改和订正。

编者

2021年10月